NOTICE

DES PRINCIPAUX ARTICLES

DU CABINET

DE FEU M. HÉDOUIN,

GREFFIER A LA COUR ROYALE DE PARIS,

Dont la Vente se fera le Jeudi 16 novembre 1826, et jours suivans, à six heures très précises de relevée, en sa maison, rue Sainte-Avoie, n° 14.

Les Adjudications seront faites par Me BONNEFONS DE LAVIALLE, Commissaire-Priseur, rue Saint-Marc, n° 14.

A PARIS,

Chez DE BURE frères, Libraires du Roi, et de la Bibliothéque du Roi, rue Serpente, n° 7.

1826.

ORDRE DES VACATIONS.

Les Livres seront exposés dans l'ordre qui suit :

Première vacation, le jeudi 16 novembre 1826.

Les N⁰ˢ I, II, IX, X, XI, XII, XIII, XIV, III, V, XXV, VIII.

Deuxième vacation, le vendredi 17.

Les N⁰ˢ XXXII, XXX, XVII, XVIII, XIX, XX, XXI, XXII, XXIII, XXIV, XVI, VII, IV, VI.

Troisième vacation, le samedi 18.

Les N⁰ˢ XXVIII, XXIX, XXXI, XXXIII, XXXIV, XXXV, XXXVI, XV, XXVI, XXVII, XXXVII, XXXVIII.

acheté

1ᵉ Vacation --- 21ᶠ -- 35ᶜ
2ᵈᵉ ------- 8 -- 5
3ᵉ ------- 189
____
218 -- 40

Statuts. C.

apologie. Mons. 8bre   Roranet.

                                        idem

                                        idem

                                        Martino

        avec J Bonquins   giraud.

NOTICE

DES PRINCIPAUX ARTICLES

DU CABINET

DE FEU M. HÉDOUIN.

N° I. 80 *vol. in*-8. *et in*-12. dont :

Salmasii Epistola de cæsarie virorum et mulierum
coma. *Lugd. Bat. ex offic. Elzevir.* 1644, *in*-8.
vél.
Statuts de l'Académie de la Lesine, trad. de l'ital.
1791 , *in*-12. *v. porph.*
Traité des Vérifications d'écritures et calculs, par
Remy. *Paris*, 1780, *in*-8. *m. r.*
Manuscrit sur papier.
Apologie pour Hérodote, par Henri Estienne, avec
les remarques de Le Duchat. *La Haye*, 1735,
3 *vol. in*-12. *v. porph.*

N° II. 90 *vol. in*-8. *et in*-12. dont :

Lettres juives, (par le marquis d'Argens.) *La Haye*,
1738, 6 *vol. in*-12. *m. vert. dent.*
Traité de la Formation mécanique des Langues,
(par de Brosses.) *Paris*, 1765, 2 *vol. in*-12.
v. m.
De la Manière d'apprendre les Langues, (par de
Radonvilliers.) *Paris*, 1768, *in*-8. *v. m.*

A

Histoire naturelle de la Parole, par Court de Gé-
belin. *Paris*, 1776, *in-8. bas.*
Des Tropes, par Dumarsais. *Paris, 1757, in-8. v.
porph.*

Quintiliani Institutiones oratoriæ, curante Rollin.
Parisiis, 1754, 2 *vol. in-12. v. m.*

Les Quatre Poétiques d'Aristote, d'Horace, de
Vida, de Despréaux, avec la traduction, par
Batteux. *Paris,* 1771, 2 *vol. in-12. v. m.*

Bref du pape Clément xiv, qui supprime les Jé-
suites, en latin et en françois. *Rome, (Paris,)*
1773, *in-8. cart.*

N° III. 70 *vol. in-8. et in-12.* dont :

Code Civil et Code de Procédure civile. *Paris,* 1804,
3 *vol. in-8. m. bl. dent. tab. Pap. Vél.*

Traité des Etudes, par Rollin. *Paris,* 1748, 4 *vol.
in-12. m. r.*

L. Smids Pictura loquens. *Amst.* 1695, *in - 8.
fig. vél.*

Blasons, poésies anciennes des xvᵉ et xviᵉ siècles,
publiés par M. Méon. *Paris,* 1809, *in-8. dem.
rel.*

Théâtre de P. Corneille, avec des Commentaires,
par Voltaire. 1776, 10 *vol. in-8. fig. v. éc.*

OEuvres de J. Racine, avec des Commentaires, par
Luneau de Boisjermain. *Paris,* 1768, 7 *vol. in-8.
fig. m. r.*

OEuvres de Boileau Despréaux. *La Haye,* 1722,
4 *vol. in-12. v. j. fig. de Bernard Picart.*

N° IV. 56 *vol. in-12.* dont :

Thuanus restitutus. *Amst.* 1663, *in-12. m. r.*
Cras credo, hodie nihil. *Lugd. Bat. ex offic. Elzevir.*
1621, *in-12. v. b.*
Le Moyen de parvenir. 1732, 2 *vol. in-12. v. f.*

M.^r hedouin

p.

                                       ergravre. of.

M.^r hedouin   avec 3 bouquins

M.^r hedouin

p.

girod.   vraisé. m. et. quat. ap^t

crozet.

Lagier

porquet -

girard.

motelet

idem   gaté   cras. g.

girad.

matelot

m chedoine

oeuvrez. mme Hedr

p.

girod

p

p

depid. Lucht. az+

parquet

girad.

martin

p.

(5)

La Magdeleine, poëme, par le P. Pierre de S. Louis.
In-12. *v. b.*
Les Amours des grands hommes de France. *Paris*,
1676, *in*-12. *v. m.*
Moyse sauvé, idyle héroïque, par de Saint-Amant.
Leide, Jean Sambix, (Elzevier,) 1664, *in*-12.
m. bl.
OEuvres complètes de J. J. Rousseau. *Paris*, 1793,
37 *vol. in*-12. *v. porph. dent.*

N° V. 23 *vol. in*-8. *et in*-12. dont :

Fabulæ selectæ Fontanii, auct. Giraud. *Rothom.*
1775, 2 *vol. in*-8. *v. m.*
Phædri Fabulæ novæ et veteres. *Parisiis*, 1812,
in-8. *v. porph.*
Lucretius, cum not. Th. Creech. *Basil.* 1770,
in-8. *v. j.*
Terentii Comoediæ, cum not. in usum Delphini.
Lond. 1749, *in*-8. *v. j.*
Persii Satyræ, cum versione gallica. *Bernæ*, 1765,
in-8. *v. porph.*
Satyres de Juvénal, en lat. et en françois, trad. par
Dusaulx. *Paris*, 1770, *in*-8. *v. m.*
Desid. Erasmi stultitiæ Laus, cum not. var. *Basil.*
1676, *in*-8. *fig. v. b.*

N° VI. 70 *vol. in*-8.

OEuvres complètes de Voltaire. *Kehl*, 1784, 70 *vol.*
fig. bas.

N° VII. 13 *vol. in*-4. dont :

Novitius, seu Dictionarium latino-gallicum. *Pari-*
siis, 1721, 2 *vol. v. m.*
Virgilii Opera, cum not. Ruæi, in usum Delphini.
Parisiis, 1722, *v. m.*
Dictionnaire crit. de la langue françoise, par Fé-
raud. *Marseille*, 1787, 3 *vol. v. b.*

A ij

3 . 85 { Relation des Isles Pelew, trad. de l'angl. de G.
Keate. *Paris*, 1788, *fig. v. m.*
J. B. Bohadsch de quibusdam animalibus marinis
liber. *Dresdæ*, 1761, *fig. bas.*

N° VIII. 11 *vol. in-fol.* dont :

22 -- { Historia Plantarum universalis, auct. J. Bauhino.
Ebroduni, 1650, 3 *vol. fig. v. f.*
= Ejusd. Theatrum Botanicum. *Basil.* 1658, *fig.
cart.*

9 -- Historia generalis Plantarum , auct. Dalecampio.
Lugduni, 1587, 2 *vol. fig. dem. rel.*

25 -- 5 C. Clusii rariorum Plantarum historia, et exoti-
corum lib. x. *Antuerp.* 1601 *et* 1605, 2 *vol.
fig. vél.*

40 -- { N. J. Jacquin selectarum stirpium americanarum
historia. *Vindob.* 1763, *fig. dem. rel.*
= Ejusd. Observationes botanicæ. *Vindob.* 1764,
4 *part. en* 1 *vol. fig. dem. rel.*

N° IX. 102 *vol. in-8. et in-12.* dont :

5 - 85 Histoire de Clarisse Harlowe, trad. de l'angl. de
Richardson. *Paris*, 1777, 7 *vol. in-12. v. m.*

7 . 95 = De Gil Blas, par Le Sage. *Paris*, 1797, 4 *vol.
in-8. fig. v. j.*

1 - 55 Dictionnaire néologique, avec l'Eloge hist. de Pan-
talon-Phœbus. *Amst.* 1728, *in-12. v. m.*

4 - Les Contes et Discours d'Eutrapel, par de la Héris-
saye. *Rennes*, 1597, *in-8. v. m.*

3 -- Le Prince de Condé. *Suivant la copie de Paris*,
1681, *in-12. v. f. avec la sphère.*

2 - Le Portrait du roi de la Grande-Bretagne. *Rouen*,
1649, *in-12. v. f.* = Mémoires d'Angleterre, contenant l'Histoire des Deux Roses. *Amst.* 1726,
in-12. v. f.

Meilhac

Meilhac

p.

Meilhac

idem

Bailly

p.

girod.

avec 5 Bouguins

p.

Renard.

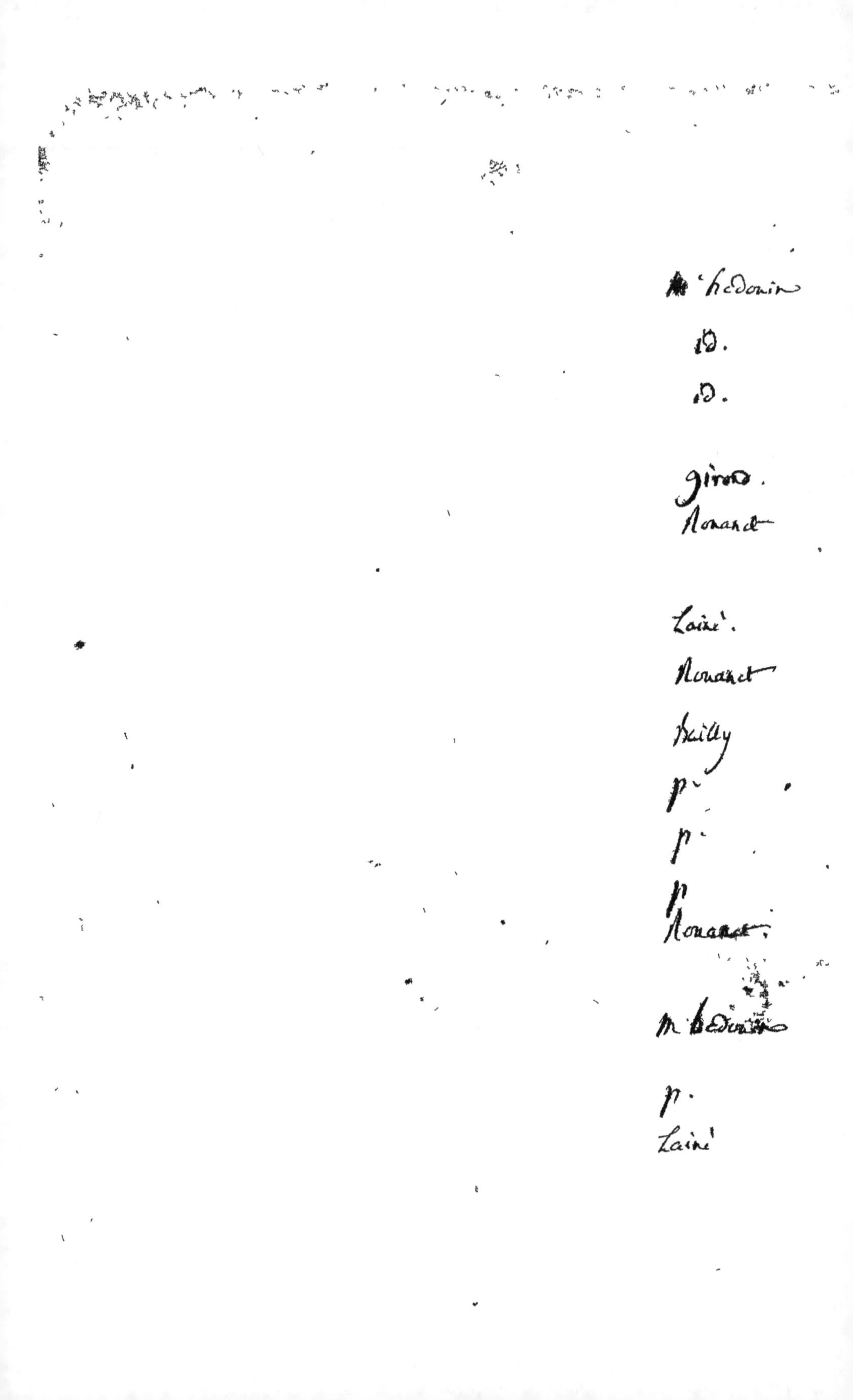

Mᵉ hedouin

D.

D.

giron.

Rouard

Lainé.

Rouaret

Bailly

p.

p.

p.

Rouaret.

m. bedouin

p.

Lainé

Nº X. 5o *vol. in*-12. dont :

Le Diable boiteux et le Bachelier de Salamanque,
par Le Sage. *Paris*, 1756 *et* 1767, 6 *vol. v. éc.*

Roman comique de Scarron. *Paris*, 1752, 3 *vol.
v. m.*

Mémoires et Aventures d'un Homme de Qualité,
par l'abbé Prevost. *Amst.* 1735, 7 *tom. en* 4 *vol.
v. éc.*

Histoire de Don Quichotte, par Cervantes, trad.
de l'espagn. *Liége*, 1782, 6 *vol. fig. bas.*

OEuvres de Rabelais. 1691, 2 *vol. v. porph. avec la
sphère.*

Nº XI. 34 *vol. in*-8. *et in*-12. dont :

OEuvres de Marmontel. *Paris*, 1787, 8 *vol. in*-12.
v. m.

Dictionnaire du Vieux Langage françois, par La
Combe. *Paris*, 1766, *in*-8. *v. m.*

Dictionnaire comique, par le Roux. *Amst.* 1750,
in-8. *v. m.*

OEuvres complètes de Pope, trad. de l'angl. *Paris,*
1779, 8 *vol. in*-8. *fig. v. m.*

Recherches sur les Théâtres de France, par de
Beauchamps. *Paris*, 1735, 3 *vol. in*-8. *m. vert.*

Histoire de l'Amérique, par Robertson, trad. de
l'angl. *Paris*, 1780, 4 *vol. in*-12. *v. f.*

= De Charles-Quint, par le même. *Paris*, 1771,
6 *vol. in*-12. *v. f.*

Nº XII. 52 *vol. in*-12. dont :

Les Comédies de Térence, en latin et en franç.
trad. par madame Dacier. *Amst.* 1767, 3 *vol. fig.
v. j.*

Contes de La Fontaine, édit. stéréotype. *Paris*,
Didot, an VIII, (1800,) 2 *vol. cart. Pap. Vél.*

L'Enéide de Virgile, trad. en vers françois, avec le

texte en regard, par de Gaston. *Paris*, 1808, 4 *vol. v. éc.*

Les Amours pastorales de Daphnis et Chloé, trad. du grec de Longus, par Amyot. 1745, *fig. v. f.*

Quinque illust. poetarum Lusus in Venerem. *Parisiis*, 1791, *v. f.*

De la Tyrannie, par Victor Alfieri, trad. de l'ital. *Paris*, 1802, *en feuilles.*

Sept volumes sur les Echecs, dont : le Royal Jeu des Echecs. *Paris*, 1636, *vél.* = Nouvelle manière de jouer aux Echecs, par Stamma. *Utrecht*, 1777. = Le Jeu des Eschets, par le Calabrois. *Paris*, 1714, *v. m.*

Un Manuscrit espagnol sur le Jeu des Échecs, sur Vélin. *Relié en soie.*

N° XIII. 73 *vol. in-8. et in-12. dont :*

OEuvres de d'Ancourt. *Paris*, 1729, 9 *vol. in-12. v. f.*

L'Ezour Vedam, par le baron de Sainte-Croix. *Yverdon*, 1778, 2 *vol. in-12. dem. rel.*
Le Bhaguat-Geeta, trad. du samscrit, par Wilkins. *Paris*, 1787, *in-8. dem. rel.*

Les Aventures de Télémaque, par de Fénelon. *Paris*, 1717, 2 *vol. in-12. fig. m. vert.*

La Farce de Pathelin et la Légende de Faifeu. *Paris, Coustellier*, 1723, 2 *tom. en 1 vol. in-12. v. b.*

La Gerusalemme liberata di Torq. Tasso. *Parigi*, 1785, 2 *tom. en 1 vol. in-8. v. f.*

Fables de La Fontaine, pour l'éducation du Dauphin. *Paris, Didot*, 1789, 2 *vol. in-8. cart. Pap. Vél.*

Histoire génér. de la Littérature d'Italie, de Tiraboschi, abrégée par Landi. *Paris*, 1786, 5 *vol. in-8. v. m.*

Voyage d'Anacharsis en Grèce, par Barthélemy. *Paris*, 1789, 7 *vol. in-8. dem. rel.*

P.

mchedouin

Nonard.

truchy

truchy

m chedouin

mcithac

porquet.

giroud.

P.

truchy

Lahorne

truchy

Manuscrit. of.

Lipoivre. C.

la vie. of.

martin

Mr hédonin

p.
Lagier
Mr hédonin

Rouand

giraud.

Renand

Mr hédonin

Crozet

B.

giraud.

Crozet

parquet.
Delano

De l'Allégorie, par Winckelmann. *Paris, an* VII, (1799,) 2 *vol. in-8. v. f.*

N° XIV. 101 *vol. in-*12. *et in-*18. dont :

OEuvres de Destouches. *Paris,* 1758, 10 *vol. in-*12. *v. m.*

= De J. B. Rousseau. 1753, 5 *vol. in-*12. *v. m.* —

= De Molière. *Amst.* 1765, 6 *vol in-*12. *fig. v. f.* —

Essais de Montaigne, avec les notes de Coste. *Londres,* 1754, 10 *vol. in-*12. *v. m.*

Mémoires du maréchal de Bassompierre. *Cologne, P. Marteau,* 1665, 3 *vol. in-*12. *dem. rel.*

Hexameron rustique, par La Mothe le Vayer. *Amst.* 1715, *in-*12. *v. f.*

Il Libro del Perchè. *Nel secolo* XVIII, *in-*12. *v. porph.*

L'Alcoran de Mahomet, par du Ryer. *Elzevier,* 1649, *in-*12. *v. j.*

Discours merveilleux de la vie et déportemens de la reyne Catherine de Médicis. 1663, *in – 12. v. éc.*

La Vie de Gaspar de Coligny. *Leyde, Elzeviers,* 1643, *in-*12. *v. m.*

Rapini Hortorum lib. IV. *Lugd. Bat.* 1668, *in – 12.* vél.

Conciones et Orationes ex histor. lat. excerptæ. *Amst. ex offic. Elzevir.* 1662, *in-*12. *v. f.*

Epicteti Enchiridion, gr. curante Le Fébvre de Villebrune. *Parisiis,* 1782, *in-*18. *m. r.*

Novum Testamentum, gr. *Lugd. Bat. ex offic. Elzevir.* 1633, *in-*12. *vél.*

N°. XV. 58 *vol. in-*4. *in-*8. *et in-*12. dont :

Biblia sacra. *Parisiis,* 1666, *in-*4. *m. bl.* —

Histoire des Révolutions romaines, par de Vertot. *La Haye,* 1724, *in-*4. *m. r.*

3 .— = De Suède, par le même. *La Haye*, 1734, *in-4. v. f.*

16 .— Voyage de l'Amérique méridionale, par de Ulloa. *Paris*, 1752, 2 *vol. in-4. fig. v. f.*

4 . 95 Essai Philosoph. concernant l'entendement humain, par Locke, trad. de l'angl. *Amst.* 1755, *in-4. v. m.*

5 . 80 Catullus, Tibullus et Propertius. *Parisiis, Coustellier,* 1723, *in-4. v. f. Ch. Mag.*

9 .. 5 Discours sur l'Histoire universelle, par Bossuet. *Paris*, 1681, *in-4. m. r.*

3 . . — Les Antiquités et Histoires gauloises et françoises, par Fauchet. *Genève,* 1611, *in-4. v. b.*

8 . 95 Pindari Opera, gr. et lat. cum not. Benedicti. *Salmurii,* 1620, *in-4. v. b.*

D . 46 . 50 Horatii Opera. *Londini, Pine,* 1733, 2 *vol. in-8. fig. m. bl.*
Première édition.

D . 9 .. 5 Hier. Vidæ Christiados lib. VI. *Oxonii*, 1725, *in-8. m. bl. l. r.*

6 . 50 Les Géorgiques de Virgile, trad. en vers françois, avec le texte en regard, par Delille. *Paris*, 1770, *in-8. fig. m. r.*

5 . . — C. Plinii Secundi Epistolæ et Panegyricus. *Glasguæ,* 1751, *in-4. m. bl.*

2 . . — F. Sanctii Minerva, seu de causis ling. latinæ comment. *Lugduni,* 1789, *in-8. bas.*

N° XVI. 18 *vol. in-fol. et in-4.* dont :

23 . 5 S. Vaillant Botanicon parisiense. *Amst.* 1727, *in-fol. fig. v. b. Ch. Mag.*

6 . . — Histoire des Plantes qui naissent aux environs d'Aix, par Garidel. *Aix*, 1715, *in-fol. fig. v. b.*

9 . . — Barrelieri plantæ per Galliam, Hispaniam et Italiam observatæ. *Parisiis,* 1714, *in-fol. fig. v. b.*

8 . . — Nova stirpium Adversaria, auct. de Lobel. *Antuerp.* 1576, *in-fol. fig. vél.*

Delan

Martin

Lefroy

Rouanet

Crozet

Merlin

Thiobec

Lagier

Martin

P.

Meilhac

i'dem

idem

P.

gaté de crayon rouge

Lisser. Luett. ez+

un vol-taché d'huile

avec 5 Aouquim

Meilhac

Leroy
idem

porquet
martin
idem

Ronand

Bernard

p.

girard.
Crozet

Crozet

p.
Crozet

p.

Istoria Botanica di G. Zanoni. *In Bologna*, 1675, *3. 95.*
   in-fol. fig. v. b.

J. J. Dillenii historia Muscorum. *Lond.* 1768, *in-4.* *63. 50.*
   fig. dem. rel.

Rumphii Thesaurus imaginum piscium, coch- *4. 50.*
   learum, etc. *Lugd. Bat.* 1711, *in-fol. fig. v. m.*

Mart. Lister historia conchyliorum. *Oxonii*, 1770, *81.*
   in-fol. fig. v. m.

Plinii Historia naturalis. *Basil.* 1525, *in-fol. v. m.* *3.*

Imperatorum romanorum Numismata, studio F. *6*
   Mediobarbi Biragi. *Mediol.* 1693, *in-fol. fig. vél.*

A. Augustini antiquitatum roman. in nummis vet. *4.*
   dialogi. *Antuerp.* 1617, *in-fol. fig. v. b.*

N° XVII. 85 *vol. in-*8. *et in-*12. dont :

Abrégé chronol. de l'Histoire de France, par Mé- *14. 10.*
   zeray, avec l'avant Clovis. *Amst.* 1673, 7 *vol.*
   *in-*12. *vél.*

Nouvelle Méthode du Blason, du P. Ménestrier. *3.*
   Lyon, 1770, *in-*8. *fig. v. m.*

Manuel du Libraire, par M. Brunet. *Paris*, 1814, *15. 95*
   4 *vol. in-*8. *br.*

Voyage d'Espagne. *Cologne, P. Marteau*, *in -* 12. *2.*
   cart.

Recueil hist. contenant diverses pièces curieuses *3. 45*
   de ce temps. *Cologne*, 1666, *avec la sphère*,
   *in-*12. *vél.*

N° XVIII. 50 *vol. in-*8. *et in-*12. dont :

Histoire ancienne, par Rollin. *Paris*, 1769, 14 *vol.* *26. 95.*
   *in-*12. *v. m*

Histoire des Membres de l'Académie Françoise, par *2. 95.*
   d'Alembert. *Paris*, 1787, 6 *vol. in-*12. *bas.*

Éloges des Académiciens de l'Acad. des Sciences, *2.*
   par Fontenelle. *Paris*, 1766, 3 *vol. in-*12. *bas.*

Voyages de Thunberg au Japon. *Paris*, 1796, *3. 95*
   4 *vol. in-*8. *fig. br.*

N° XIX. 37 *vol. in-8. et in-*12. dont :

10-95 Traduction du Plutarque anglois. *Paris,* 1785, 12 *vol. in-*8. *v. m.*

6 - 5 Voyage en Pologne, Russie, par W. Coxe, trad. de l'angl. *Genève,* 1787, 4 *vol. in-*8. *fig. v. m.*

18 - Histoire philosophique, par Raynal. *Genève,* 1781, 10 *vol. in-*8. *et atlas in-*4. *dem. rel.*

11 - - Relation du Voyage du Levant, par Tournefort. *Lyon,* 1727, 3 *vol. in-*8. *fig. v. f.*

N° XX. 71 *vol. in-*12. dont :

7 - - Histoire des Découvertes faites par les Européens dans les différentes parties du monde, par Barrow, trad. de l'angl. *Paris,* 1766, 12 *vol. bas.*

3 - 5 Recherches philosophiques sur les Egyptiens et les Chinois, et sur les Américains, par de Pauw. *Berlin,* 1773 *et* 1771, 5 *vol. bas.*

16 - - Histoire Romaine, traduite de l'angl. de Laurent Echard. *Paris,* 1734, 16 *vol. v. b.*

4 - - L'Esprit de la Ligue, par Anquetil. *Paris,* 1771, 3 *vol. v. m.*

12 - 50 Mélanges intéressans et curieux d'Histoire naturelle. *Paris,* 1766, 10 *vol. m. r.*

N° XXI. 39 *vol. in-*12. dont :

4 - - OEuvres d'Homère, trad. par madame Dacier. *Paris,* 1709, 4 *vol. fig. v. m.*

6 - Histoire d'Irlande, trad. de l'angl. de Leland. *Maestricht,* 1779, 7 *vol. v. m.*

4 - - L'antiquité dévoilée par ses usages, par Boulanger *Amst.* 1766, 3 *vol. v. m.*

3 - 50 Variétés littéraires. *Paris,* 1768, 4 *vol. v. m.*

4 - 5 La religion des Mahométans, par Reland. *La Haye,* 1721, *fig. v. f.*

porquet

p.

Bernard.

Martin

p.

p.

p.

porquet

M.c hedonin

p.

cordier

Bernard.

M.c hedonin

religion. et.qnat.p†

l'aut. of.

fantaisies. g.

plinii. n.   très vilain, ornavec 3 volcans

                                          Mme hédouiho

                                          p.

                                          quarteron

                                          ~~Ramot~~ p.

                                          Cordier

                                          Crozet.

                                          p.

                                          Crozet

                                          Cordier

                                          Motelet.

                                          idem

                                          idem

                                          Lagier
                                          martin

N° XXII. 28 *vol. in*-8. dont .

Voyage au cap de Bonne Espérance, par Sparmann, trad. de l'angl. *Paris*, 1787, 2 *vol. fig. v. m.*

= Aux Indes orientales, et à la Chine, par Sonnerat. *Paris*, 1782, 3 *vol. fig. v. m.*

= Dans l'intérieur de l'Afrique, par Le Vaillant. *Paris*, 1790, 2 *vol. fig. bas.*

Essai sur la religion des anciens Grecs, (par Leclerc de Septchenes.) *Lausanne*, 1787, 2 *tom. en* 1 *vol. bas.*

Histoire romaine éclaircie par les médailles, par Schulz. *Paris*, 1783, *fig. bas.*
Ce volume forme le tome 126 de l'Histoire universelle, in 8.

N° XXIII. 65 *vol. in*-12. *et in*-18. dont :

L'Art de conduire et de régler les Pendules et les Montres, par Ferd. Berthoud. *Paris*, 1759, *in*-12. *v. f.*

Les Fantaisies de Bruscambille. *Paris*, 1668, *in*-12. *v. f.*

H. Cardani Neronis Encomium. *Amst.* 1640, *in*-12. *m. r.*

Oratio pro crepitu ventris, ab E. Martino. *Cosmopoli*, 1768, *in*-18. *v. f.*

Les Provinciales, par Pascal. *Cologne*, 1666, *in*-12. *v. b.*

Cicero de Officiis. *Amst. ex offic. Elzevir.* 1677, *in*-12. *v. m.*

Prudentii Opera. *Amst. D. Elzevirius*, 1667, *in*-12. *vél.*

Plinii Epistolæ et Panegyricus. *Lug. Bat. apud Elzev.* 1653, *in*-12. *v. b.*

N° XXIV. 46 *vol. in*-12. dont :

Lucani Pharsalia. *Glasguæ*, 1751, *v. m.* — — — —

J. Vanierii Prædium rusticum. *Parisiis, Barbou*, 1786, *v. m.*

7 - 10 Ovidii Opera. *Paris. Barbou*, 1762, 3 *vol. v. m.*

4 - 95 Cornelius Nepos. *Paris. David*, 1745, *m. r.*

5 - 50 Sallustius. *Paris. David*, 1744, *m. r.*

4 - - - Phædrus. *Paris. Coustellier*, 1742, *m. r.*

3 - —— Horatius. *Amst. D. Elzevirius*, 1676, *v. m.*

7 - 60 Virgilius. *Lugd. Bat. Elzev.* 1636, *m. r.*

5 - 10 { Senecæ Epist. *Lugd. Bat. Elzev.* 1639, *v. m.*
{ L. An. Florus. *Lugd. Bat. Elzev.* 1638, *vél.*

3 - 75 Sallustius. *Lugd. Bat. Elzev.* 1634, *v. f.*

4 —— Polydorus Vergilius de Inventoribus rerum. *Amst. D. Elzev.* 1671, *m. r.*

4 - - 50 Histoire des amours de Henri IV. *Leyde*, 1663, *vél.*

4 - 20 Amours de Louis–le–Grand, et de mademoiselle Dutron. *Rotterdam, v. j.*

11 - 10 La Pharsale de Lucain, trad. en vers franç. par Brébeuf. *La Haye*, 1683, *fig. v. f.*

5 - 10 Satyre Menippée. *Ratisbonne*, 1664, *fig. vél.*

5 - 5 OEuvres du chev. de Parny. *Paris*, 1788, 2 *vol. m. r.*

4 - 5 Richardet, poëme. *Londres*, 1781, 2 *vol. m. r.*

18 - - 5 Recueil des meilleurs Contes en vers. *Londres*, 1778, 4 *vol. fig. m. r.*

6 - 30 Le Rime di Fr. Petrarca. *Parigi*, 1758, 2 *vol. m. bl.*

7 - — Le Berger fidèle, en franç. et en italien, trad. de Guarini. *Paris*, 1759, 2 *vol. m. r.*

N° XXV. 34 *vol. in*-8. dont :

2 - 25 L. An. Florus, cum not. var. *Amst.* 1692, *fig. vél.*

20 - - - Taciti Opera, cum not. var. *Amst. D. Elzevir.* 1673, 4 *vol. v. b.*

1 - 65 { H. Kippingii Antiquit. romanæ. *Lugd. Bat.* 1712, *fig. v. b.*
{ Fleur de la maison de Charlemaigne, par Fauchet. *Paris*, 1601, *v. b.*

lagier
motet
idem
idem
Renard
motet
Renard
idem

motet
idem
idem
Bernard
girard
m. Chedain
la mena
motet
idem

Martin
martin

Lagier

pichardet. mme Hed.
recueil. mme Hed.

Froelich. erquat. it

Meilhac.

Lefroy

p.

~~meilhac~~
porquet.
Delau

p.

Renard

Lefroy
Delau

Martin

Delau

Delau

Meilhac

icomp. billuot

Lecompu - n. Joly.

Nº XXVI. 33 *vol. in-folio, in-4. etc.* dont :

Nova plantarum genera, auct. Michelio. *Florent.* 10 .
    1729, *in-fol. fig. v. m.*
Recueil de 84 planches, pour la dern. édit. de la 54
    Conchyliogie de d'Argenville. *In-4. dem. rel.*
    Ce volume est intercallé de papier blanc, avec des notes m[ss].
J. Scheuchzeri agrostographia. *Tiguri,* 1775, *in-4.* 9 - 5 .
    v. éc.
Oratio dominica, CL Linguis versa, edente Mar-
    cel. *Parisiis,* 1805, *in-4. cart.* - - - - - - 17 - 95 .
La Mort d'Abel, par Gessner, trad. de l'allemand. 6 .
    Paris, 1793, *in-4. fig. color. v. m.*
E. Froelich quatuor tentamina de re numaria ve- 5 - 80
    tere. *Viennæ,* 1737, *in-4. fig. v. m.*
Discours de la Religion des anciens Romains, par 1 . 50 .
    du Choul. *Lyon,* 1580, *in-4. fig. vél.*
Collection de Vignettes, d'Estampes et Portraits,
    renfermée dans neuf petits portefeuilles, *in-8.*
    Cet article sera divisé. *(en deux et huit lots* - - - - - - 148 . 60

Nº XXVII. 28 *vol. in-fol. et in-4.* dont :

Gualtieri Index testarum, conchyliorum, etc. *Flo-* 46
    rentiæ, 1742, *in-fol. fig. v. éc.*
A. Scilla, de Corporibus marinis lapidescentibus, 3 .
    dissert. *Romæ,* 1759, *in-4. fig. v. f.*
C. Plumier, nova plantarum americanarum ge-
    nera. *Parisiis,* 1703, *in-4. fig. v. b.* 6 . 50 ₰
C. Bauhini Pinax theatri botanici, cum prodromo.
    Basil. 1671, *in-4. br. en cart.*
Les Césars de l'empereur Julien, trad. du grec, 4 .
    par Spanheim. *Amst.* 1728, *in-4. fig. v. b.*
Recueil des Pièces obsidionales, par Tobiesen 3 - 95
    Duby. *Paris,* 1786, *in-4. fig. br.*
Icones Imperatorum romanorum, ex priscis nu- 6 . 95 .
    mismatibus, par H. Goltzium. *Antuerp.* 1708,
    in-fol. fig. br. en cart.

la Conchyliolog. de d'Argenville, 1757, in-4. v. r. 11 .
traité des monnaies de le Blanc, paris, in-4. 1 vol. dem. rel. cart. 10 . 5 . ₰
un lot d'estampes faisant le 9.e lot - - - - - 35 - 5 ₰

Médailles du cabinet de la reine Christine, en lat. et en franç. *La Haye*, 1742, *in-fol. fig. cart.*

N° XXVIII. 62 *vol. in-8. et in-12.* dont :

C. P. Thunberg Flora Japonica. *Lipsiæ*, 1784, *in-8. dem. rel.*
Delectus opusculorum botanicorum, edente P. Ustero. *Argent.* 1790, 2 *vol. in-8. br.*

Recherches sur l'époque de l'Equitation, et de l'usage des Chars, chez les anciens, par Fabricy. *Rome*, 1764, 2 *vol. in-8. br,*

Recueil d'Insectes coloriés, avec les explications en latin et en allemand, renfermé dans 36 portefeuilles *in-12. obl.*

N° XXIX. 27 *vol in-8.* dont :

Flore Françoise, par de Lamarck. *Paris*, 1778, 3 *vol. v. m.*

Plantæ Veronenses, auct. J. F. Seguierio. *Veronæ*, 1745, 3 *vol. bas.*

J. B. de Sauvages Methodus Foliorum. *Hag. Com.* 1751, *fig. bas.*

C. Linnæi Fauna Suecica. *Stockholmiæ*, 1746, *v. m.*

N° XXX. 40 *vol. in-8. et in-12.* dont :

Tableau du règne végétal, par Ventenat. *Paris*, *an* VII, (1799,) 4 *vol. in-8. fig. cart.*

F. Redi Opuscula, et de Animalculis vivis, etc. *Amst.* 1686, 3 *vol. in-12. fig. vél.*

N° XXXI. 46 *vol. in-8. et in-12.* dont :

C. à Linné amœnitates academicæ. *Erlangæ*, 1787, 10 *vol. in-8. fig. v. j.*

= Ejusdem Systema Naturæ. 1756. = Materia medica. 1787, et alia opera. 5 *vol. in-8. v. m.*

Familles des Plantes, par Adanson. *Paris*, 1763, 2 *vol. in-8. fig. v. j.*

Idam

Meilhac

recherchés. goes. cheap.

Lafond.

Lagier
Meilhac
Id.
idem

ajouté flora mexica Herb. Ht.

Martin

Motelet

Meilhac

idem

Martin

Martin

Labrune

Motelet.

Comtesse Bailly.
— id.
— id.

Meilhac
idem
Lafon.

avec $ Borquins

Bernard.

~~[rayé]~~
traité. of

madame Bailly
— id.

Faune Parisienne, par M. Walckenaer. *Paris*, 1802, 2 *vol. in-8. v. éc.*

N° XXXII. 5o *vol. in-8. et in·*12. dont :

Flore des environs de Paris, par Thuillier. *Paris*, *an* VII, (1799,) *in-8. dem. rel.*
J. de Laet de Gemmis et Lapidibus libri duo. *Lugd. Bat.* 1647, *in-8. vél.*
Catalogue des Arbres et arbustes qu'on peut cultiver en France, par Buchoz. (*Paris*,) 1785, *in·*18. *m. bl.*

N° XXXIII. 46 *vol. in-8.* dont :

C. a Linné Systema Plantarum. *Francof. ad Mœn.* 1779, 4 *vol. bas.*
= Ejusd. Genera Plantarum. *Francof. ad Mœn.* 1789, *v. m.*
= Ejusd. Fundamenta botanica. *Halæ*, 1747. = Systema Vegetabilium. *Gottingæ*, 1784, 2 *vol.* et alia opera, *en tout* 6 *vol. v. j.*
A. L. de Jussieu Genera Plantarum. *Parisiis*, 1789, *v. m.*
J. A. Scopoli Flora Carniolica. *Vindob.* 1772, 2 *vol. v. m.*
A. Van Royen Floræ Leydensis Prodromus *Lugd. Bat.* 1740, *in-8. bas.*

N° XXXIV. 29 *vol. in-8.* dont :

Manuel du Minéralogiste, par M. Mongez. *Paris*, 1792, 2 *vol. bas.*
Traité élémentaire d'Histoire naturelle, par Dumeril. *Paris*, 1807, 2 *vol. v. éc.*
= Manuel du Naturaliste, par Duchesne. *Paris*, 1797, 4 *vol. v. j.*
Flore des plantes des environs de Paris. *Paris*, 1803, 2 *vol. dem. rel.*

N° XXXV. 24 *vol. in-4.* dont :

8 - 10 C. Pitton Tournefort Institutiones rei herbariæ, cum Corollario. *Parisiis, e Typ. Reg.* 1700, 4 *vol. fig. v. b.*

2 - 5 G. Commelin Horti medici Amstel. Plantæ rariores et exoticæ. *Lugd. Bat.* 1706, *fig. v. f.*

20 — La Physique des Arbres, par Duhamel du Monceau. *Paris,* 1758, 2 *tom. en* 1 *vol. fig. v. f.*

4 - - Prosp. Alpini de Plantis Ægypti liber. *Patavii,* 1640. = De Plantis exoticis lib. duo. *Venet.* 1627, 2 *vol. fig. v. b.*

24 - 50 Elenchus Fungorum, auct. Batsch. *Halæ Magdeb.* 1783, *v. f. fig. color.*

15 - 50 Theoria generationis, et fructificationis Plantarum cryptogamicarum Linnæi, auct. J. Hedwig. *Petropoli,* 1784, *v. éc. fig. color.*

9 - — Sciagraphia lithologica, seu lapidum figuratorum nomenclator, auct. J. T. Klein. *Gedani,* 1740, *v. f. fig.*

N° XXXVI. 49 *vol. in-4. in-8. etc.* dont :

14 - 50 Des Semis et Plantations des arbres, par Duhamel du Monceau. *Paris,* 1760, *in-4. fig. v. m.*

5 - 95 Dissert. sur la génération des Animalcules spermatiques, par de Gleichen, trad de l'allem. *Paris,* an VII, (1799,) *in-4. fig. bas.*

5 - 95 J. P. Breynii Historia natur. cocci radicum tinctorii. *Gedani,* 1731, *in-4. fig. v. b.*

3 - 10 Essai sur l'Histoire naturelle des Coralines, par Ellis, trad. de l'angl. *La Haye,* 1756, *in-4. fig. bas.*

Cordier

~~meilhac~~ cordier

fayolle

meilhac

p.

p

m. huzard.

fayolle

meilhac

lefroy

p.

la lettre du dimanche de maintenant taché

9. Racine. $p2^+$
9. Boileau -
Harry Roberton Baill.

. jj. Rousseau. $a2^+$ Baill.

fayolle
idem
Crozet.
fayolle
Merlin
Lalon
Lalon - - - - - -
merlin . - - -
Mavros - -
merlin - - -

fayolle
idem
idem

merlin .
idem - - -
fayolle

N° XXXVII.

Une Lettre avec la signature de Louis xiv, adressée à Louvois, en 1669.   3.

= Signée par le cardinal Mazarin, adressée au père Rapin, datée de Sedan, 1651.   1. 50.

= De Scarron. — — — — — — — — — — — — —   15. 55.

= De Madame de Maintenon, adressée à la supérieure des Ursulines de Pontoise.   3.

= De Saint-Evremond. . — — — — — — — — — — —   6. 50.

= De Racine. . — — — — — — — — — — — —   3.

= De Boileau, au père Bouhours. . — — — — — — —   31. 95.

= Du duc de La Rochefoucauld. . — — — — —   12. 5.

= Deux de Bussy Rabutin, de 1674, et de 1687. .   12. 5.

= Du cardinal de Bouillon, adressée au père Rapin, datée de Nancy, 1686.   3.

= Du père Tournemine, au père Souciet. — — —   4.

Une Lettre adressée à M. Arnaut fermier-général, contenant une Epître de Madame Deshoullières, le tout faisant dix pages d'écriture.   3.

Une Lettre de Christophe de Beaumont, archevêque de Paris. *signé également*   } 5.

Deux de Fréron à M. Pierres, imprimeur, datées de 1775.

Un Billet de Madame Marie Adelaïde de France, fille de Louis xv, datée de Bellevue, le 28 septembre 1783. *signé également*   3.

Une Lettre de Madame Marie-Joséphine-Louise de Savoie, comtesse de Provence, (épouse de Louis xviii,) datée de 1784.   4. 50.

Une de J. J. Rousseau, adressée à M. Genet, datée de Montmorency, le 11 juillet 1761.   10. 50.

Une du même, à M. Guérin, à Saint-Brice. . — —   6. —

Une de M. Le Monnier, traducteur de Térence. — —   2. 10.

Une du baron de Tott, du 1er août 1785. — — —   4. 5

Une signée Bailly, maire de Paris, adressée à M. Hédouin, du 11 août 1790. — — — — — — — —   2.

2 — — Un Brevet de pension, signé Bonaparte premier
   consul, et contre-signé, Maret, du 5 fructidor
   an VIII, (1800.)

N° XXXVIII.

3. 95 Une Lettre autographe de Henri IV à M. Manaud
   de Batz, gouverneur de la ville d'Eause en Ar-
   magnac, en 1577.
   Cette lettre est encadrée et sous verre.

FIN.

DE L'IMPRIMERIE DE CRAPELET,

rue de Vaugirard, n° 9.

fayolle

p. hedonis

p.